Impressum
Verlag: BABADADA GmbH, Nedderfeld 112 , 22529 Hamburg
Geschäftsführer / Verlagsleitung: Harald Hof
Druck: Books on Demand GmbH, In de Tarpen 42, 22848 Norderstedt

Imprint
Publisher: BABADADA GmbH, Nedderfeld 112 , 22529 Hamburg, Germany
Managing Director / Publishing direction: Harald Hof
Print: Books on Demand GmbH, In de Tarpen 42, 22848 Norderstedt, Germany

škola
škola

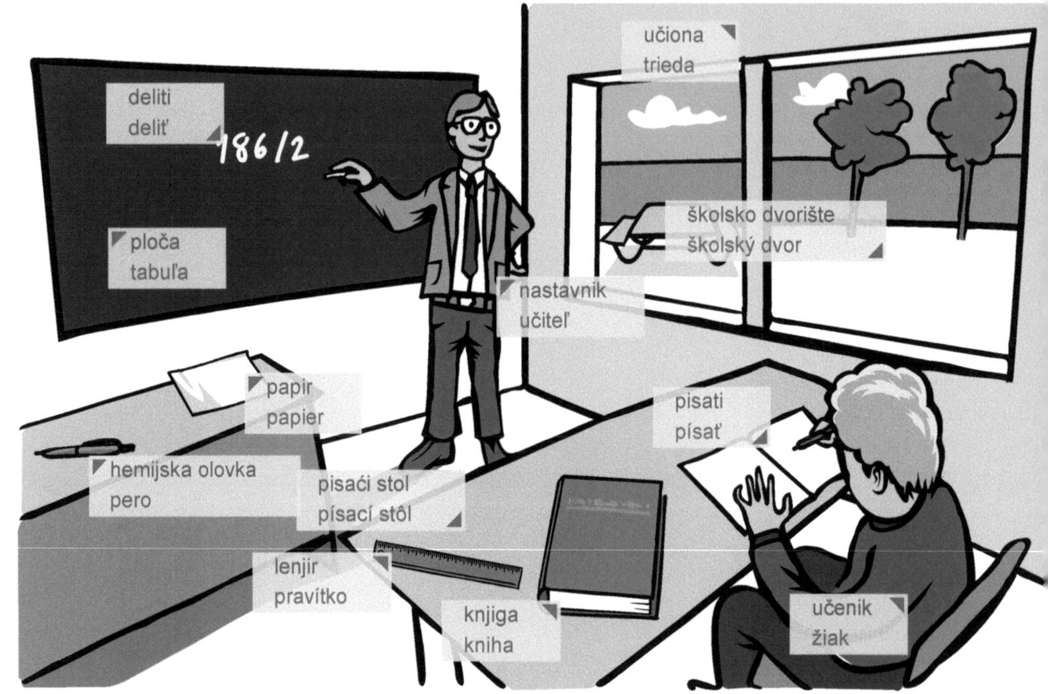

učiona
trieda
deliti
deliť
186/2
ploča
tabuľa
školsko dvorište
školský dvor
nastavnik
učiteľ
papir
papier
pisati
písať
hemijska olovka
pero
pisaći stol
písací stôl
lenjir
pravítko
knjiga
kniha
učenik
žiak

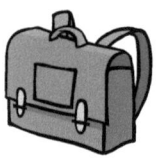

torba
školská taška

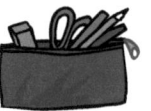

pernica
peračník

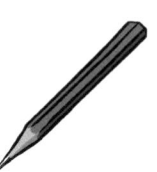

grafitna olovka
ceruza

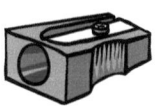

šiljilo za olovke
strúhadlo na ceruzky

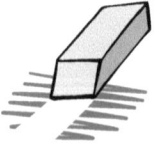

gumica za brisanje
guma

blok za crtanje
skicár

crtež

kresba

kist

štetec

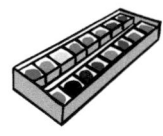

kutija sa bojama

vodové farby

makaze

nožnice

lepilo

lepidlo

beležnica

cvičný zošit

domaći zadatak

domáca úloha

broj

číslo

sabirati

sčítať

oduzimati

odčítať

množiti

násobiť

računati

počítať

slovo

písmeno

abeceda

abeceda

reč

slovo

tekst

text

čitati

čítať

kreda

krieda

čas

hodina

dnevnik

triedna kniha

ispit

skúška

svedočanstvo

certifikát

školska uniforma

školská uniforma

obrazovanje

vzdelanie

leksikon

encyklopédia

univerzitet

univerzita

mikroskop

mikroskop

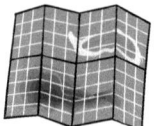

karta

mapa

košara za papir

kôš na papier

hotel
hotel

Grand

prenoćište
nocľaháreň

ROOMS

menjačnica
zmenáreň

ECHANGE

D

kofer
kufor

auto
auto

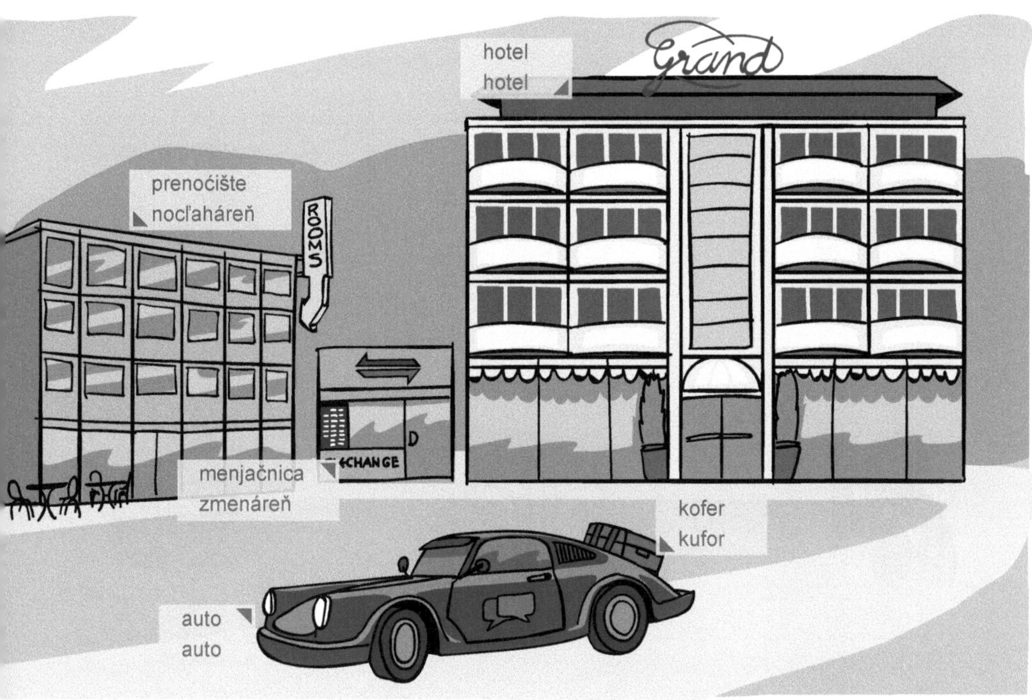

jezik
jazyk

da / ne
áno/nie

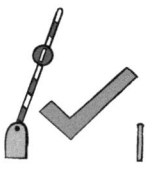

okej
v poriadku

zdravo
ahoj

prevodilac
prekladateľ

hvala
ďakujem

Koliko košta...?

Koľko stojí ... ?

ne razumem

Nerozumiem

problem

problém

dobro veče!

Dobrý večer!

Dobro jutro!

Dobré ráno!

Laku noć!

Dobrú noc!

doviđenja

Dovidenia

smer

smer

prtljaga

batožina

torba

taška

ruksak

batoh

gost

hosť

soba

izba

vreća za spavanje

spacák

šator

stan

turističke informacije

informácie pre turistov

plaža

pláž

kreditna kartica

kreditná karta

doručak

raňajky

ručak

obed

večera

večera

karta za vožnju

cestovný lístok

lift

výťah

poštanska markica

poštová známka

granica

hranica

carina

clo

ambasada

veľvyslanectvo

viza

vízum

pasoš

cestovný pas

transport
doprava

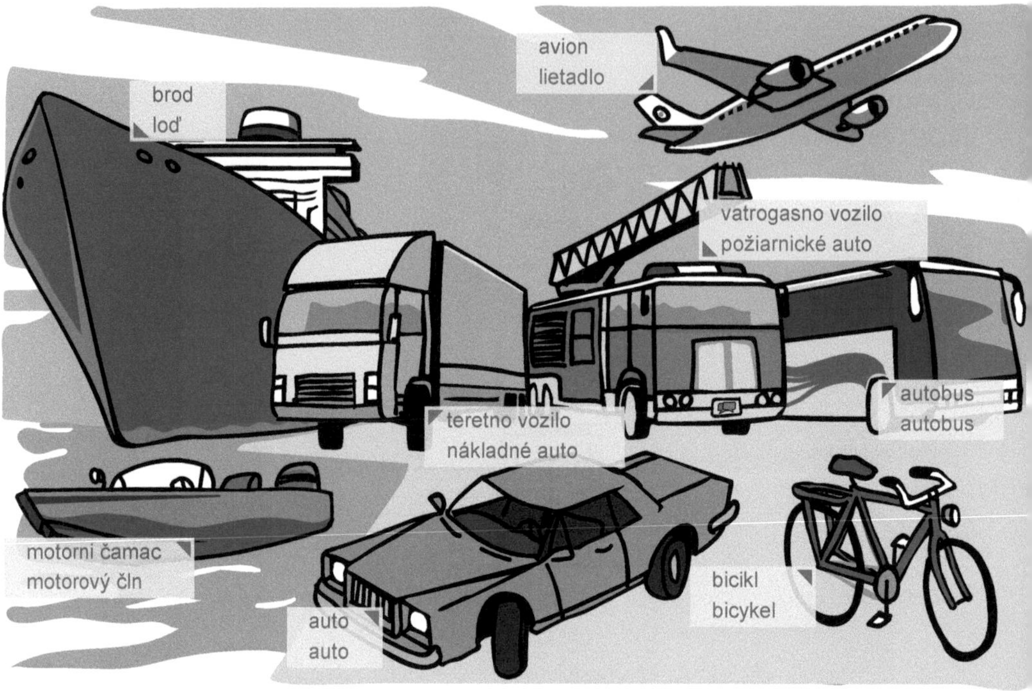
avion
lietadlo
brod
loď
vatrogasno vozilo
požiarnické auto
autobus
autobus
teretno vozilo
nákladné auto
motorni čamac
motorový čln
bicikl
bicykel
auto
auto

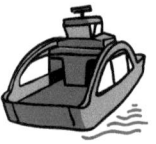

trajekt

trajekt

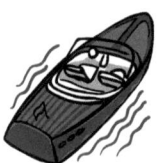

čamac

loď

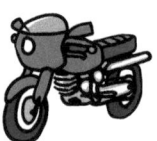

motocikl

motorka

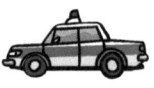

policijski auto

policajné auto

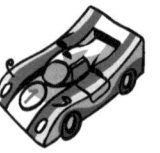

trkaći auto

pretekárske auto

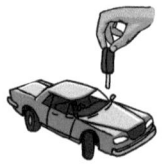

iznajmljeno auto

vozidlo z požičovne

delenje automobila

carsharing

vučno vozilo

odťahové auto

vozilo za odvoz smeća

smetiarske auto

motor

motor

benzin

benzín

benzinska stanica

čerpacia stanica

saobraćajni znak

dopravná značka

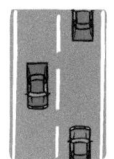

saobraćaj

premávka

zastoj

zápcha

parkiralište

parkovisko

železnička stanica

vlaková stanica

šine

trate

voz

vlak

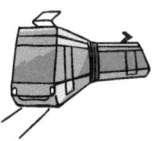

tramvaj

električka

vagon

vagón

helikopter

helikoptéra

aerodrom

letisko

kula

veža

putnik

pasažier

kontejner

kontajner

karton

kartón

kolica

vozík

korpa

kôš

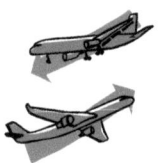

uzleteti / sleteti

štartovať / pristáť

grad
mesto

selo

dedina

centar grada

centrum mesta

kuća

dom

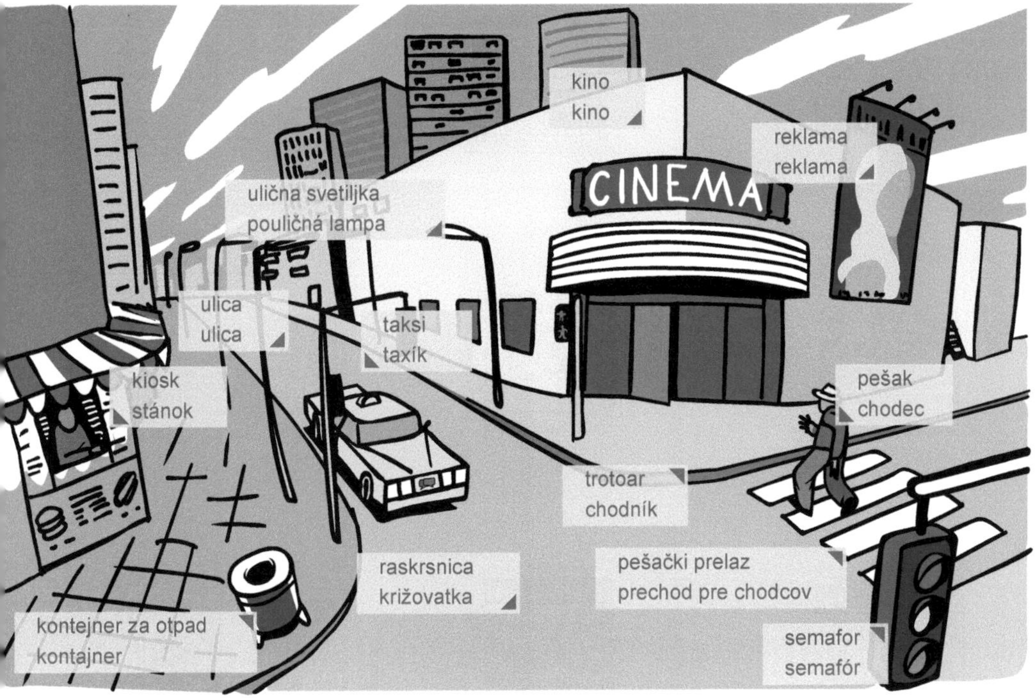

kino
kino

reklama
reklama

ulična svetiljka
pouličná lampa

CINEMA

ulica
ulica

taksi
taxík

pešak
chodec

kiosk
stánok

trotoar
chodník

raskrsnica
križovatka

pešački prelaz
prechod pre chodcov

kontejner za otpad
kontajner

semafor
semafór

koliba
chata

stan
byt

železnička stanica
vlaková stanica

većnica
radnica

muzej
múzeum

škola
škola

univerzitet

univerzita

banka

banka

bolnica

nemocnica

hotel

hotel

apoteka

lekáreň

kancelarija

kancelária

knjižara

kníhkupectvo

prodavnica

obchod

cvećara

kvetinárstvo

supermarket

supermarket

trg

trh

robna kuća

obchodný dom

ribarnica

obchodník s rybami

trgovački centar

nákupné stredisko

luka

prístav

park park	klupa lavička	most most

stepenice schody	podzemna železnica metro	tunel tunel

autobuska stanica autobusová zastávka	bar bar	restoran reštaurácia

poštansko sanduče poštová schránka	ulični znak tabuľa s názvom ulice	parkirni automat parkovacie hodiny

zoološki vrt ZOO	bazen plaváreň	džamija mešita

seosko gazdinstvo
farma

zagađenje okoline
znečisťovanie životného
prostredia

crkva
kostol

igralište
ihrisko

hram
chrám

groblje
cintorín

pejsaž

terén

list
list

putokaz
smerová tabuľa

put
cesta

livada
lúka

kamen
kameň

drvo
strom

šetač
turista

reka
rieka

trava
tráva

cvijet
kvet

dolina
dolina

planina
kopec

jezero
jazero

šuma
les

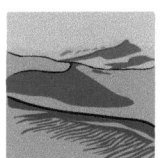

pustinja
púšť

vulkan
vulkán

dvorac
zámok

duga
dúha

gljiva
hríb

palma
palma

moskito
komár

muva
mucha

mrav
mravec

pčela
včela

pauk
pavúk

buba
chrobák

žaba
žaba

veverica
veverička

jež
jež

zec
zajac

sova
sova

ptica
vták

labud
labuť

divlja svinja
diviak

jelen
jeleň

los
los

nasip
hrádza

vetrenjača
veterná turbína

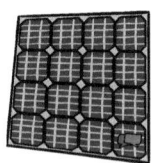

solarna ploča
solárny panel

klima
podnebie

restoran
reštaurácia

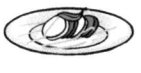

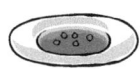

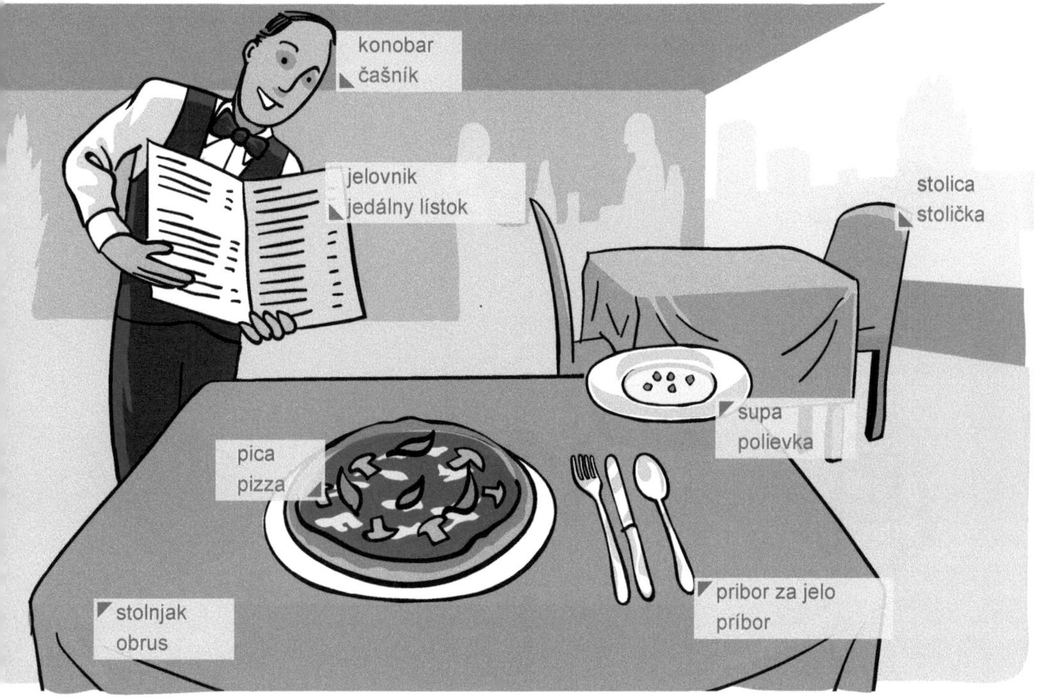

konobar
čašník
jelovnik
jedálny lístok
stolica
stolička
supa
polievka
pica
pizza
pribor za jelo
príbor
stolnjak
obrus

predjelo

predjedlo

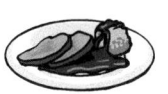

glavno jelo

hlavné jedlo

desert

zákusok

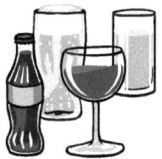

napitci

nápoje

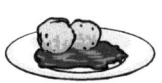

jelo

jedlo

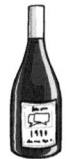

flaša

fľaša

brza hrana

fast-food

imbis hrana

street food

čajnik

kanvica na čaj

doza za šećer

cukornička

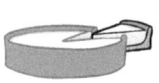

porcija

porcia

aparat za espresso

stroj na espresso

visoka stolica

detská stolička

račun

účet

poslužavnik

podnos

nož

nôž

viljuška

vidlička

kašika

lyžica

čajna kašika

čajová lyžička

salveta

obrúsok

čaša

pohár

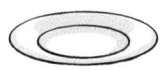

tanjir

tanier

tanjir za supu

hlboký tanier

tanjirić

podšálka

sos

omáčka

soljenka

soľnička

mlin za biber

mlynček na korenie

sirće

ocot

ulje

olej

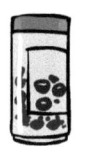

začini

korenie

kečap

kečup

senf

horčica

majoneza

majonéza

supermarket
supermarket

ponuda
špeciálna ponuka
FOR
kupac
klient
mlečni proizvodi
mliečne výrobky
voće
ovocie
kolica za kupovinu
nákupný vozík

BUTCHERS

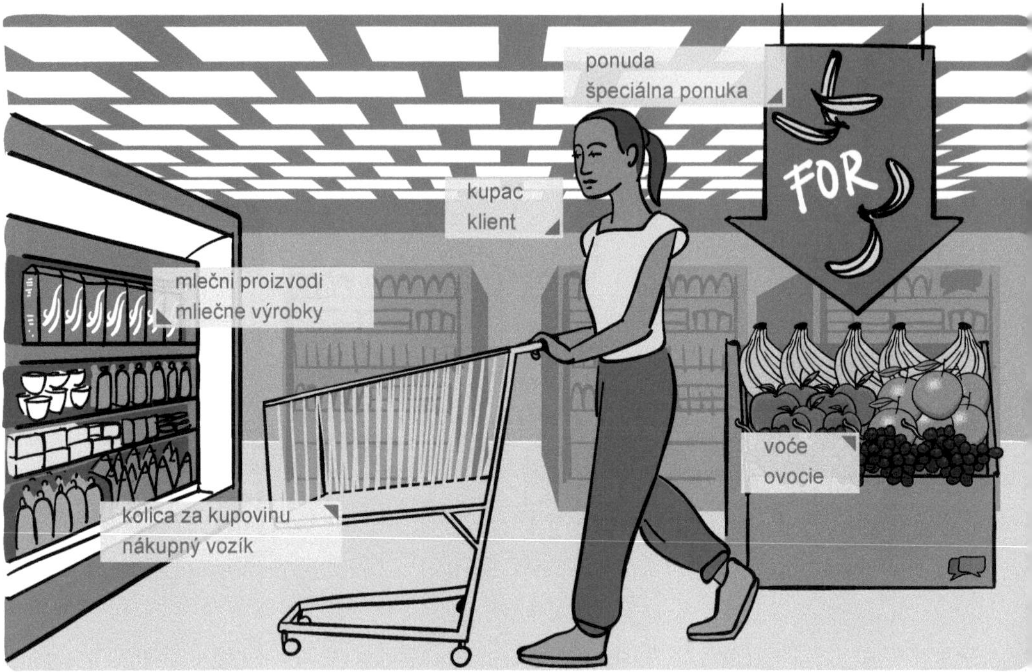

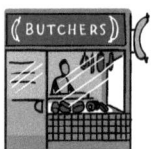

mesnica

mäsiarstvo

BAKERY

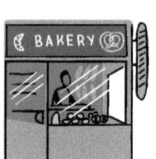

pekara

pekáreň

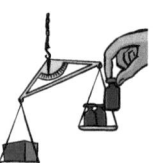

vagati

vážiť

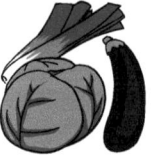

povrće

zelenina

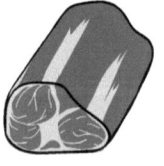

meso

mäso

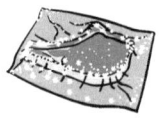

smrznuta hrana

mrazené potraviny

narezak

nárez

konzerve

konzervy

sredstvo za pranje

prací prostriedok

slatkiši

sladkosti

artikli za domaćinstvo

domáce potreby

sredstva za čišćenje

čistiace prostriedky

prodavačica

predavačka

blagajna

pokladňa

blagajnik

pokladník

lista za kupovinu

nákupný zoznam

vreme rada

otváracie hodiny

novčanik

peňaženka

kreditna kartica

kreditná karta

torba

taška

plastična kesa

plastové vrecko

voda
voda

sok
džús

mleko
mlieko

kola
kola

vino
víno

pivo
pivo

alkohol
alkohol

kakao
kakao

čaj
čaj

kava
káva

espresso
espresso

cappuccino
kapučíno

banana
banán

jabuka
jablko

narandža
pomaranč

lubenica
melón

limun
citrón

šargarepa
mrkva

beli luk
cesnak

bambus
bambus

luk
cibuľa

gljiva
hríb

orašasti plodovi
orechy

rezanci
rezance

špagete

špagety

riža

ryža

salata

šalát

pomfrit

hranolky

pečeni krumpir

pečené zemiaky

pica

pizza

hamburger

hamburger

sendvič

obložený chlebík

šnicla

rezeň

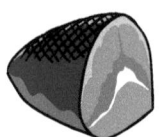

šunka

šunka

salama

saláma

kobasica

klobása

kokoš

kurča

pečenje

pečené mäso

riba

ryba

zobene pahuljice

ovsené vločky

musli

müsli

kukuruzne pahuljice

kukuričné lupienky

brašno

múka

kroasan

croissant

pecivo

pečivo

hleb

chlieb

toast

hrianka

keksi

sušienky

maslac

maslo

sveži sir

tvaroh

kolač

koláč

jaje

vajce

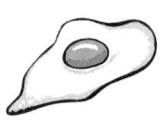

jaje na oko

volské oko

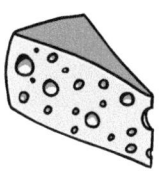

sir

syr

sladoled

zmrzlina

šećer

cukor

med

med

marmelada

lekvár

nugat krema

nugátová nátierka

kari

karí korenie

jelo - jedlo

seosko gazdinstvo
farma

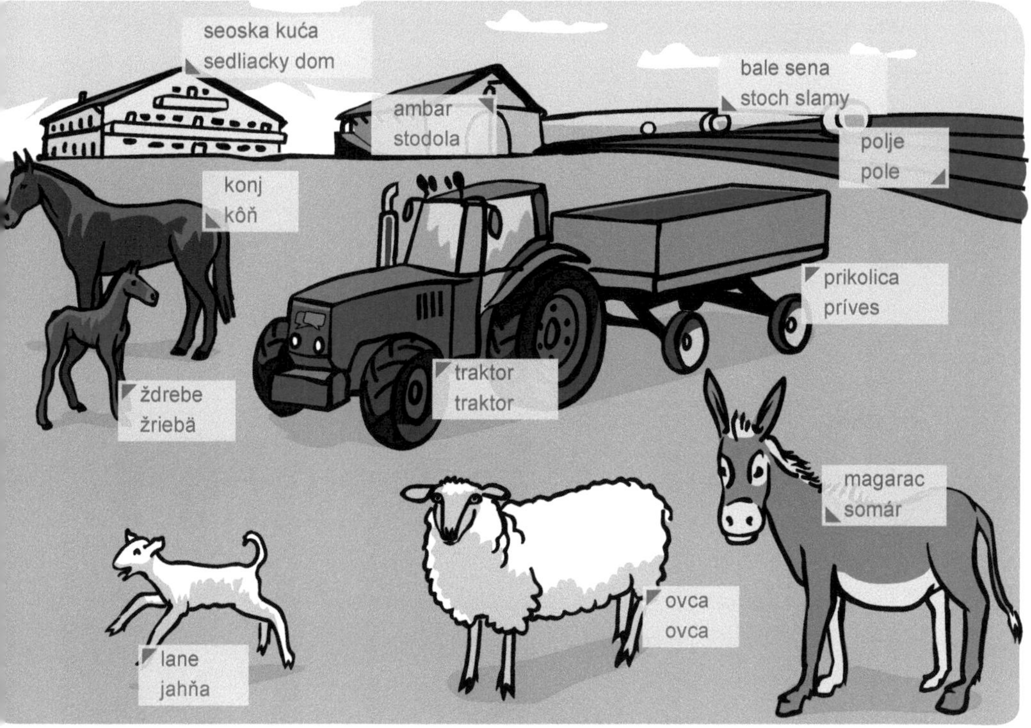
seoska kuća
sedliacky dom
ambar
stodola
bale sena
stoch slamy
polje
pole
konj
kôň
prikolica
príves
traktor
traktor
ždrebe
žriebä
magarac
somár
ovca
ovca
lane
jahňa

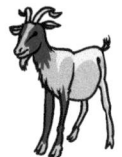

koza

koza

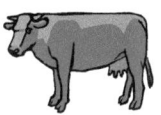

krava

krava

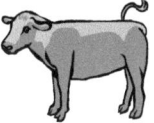

tele

teľa

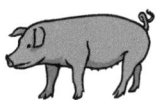

svinja

prasa

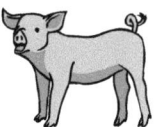

prase

prasiatko

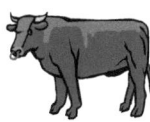

bik

býk

guska

hus

patka

kačica

pilići

kuriatko

kokoš

sliepka

petao

kohút

pacov

potkan

mačka

mačka

miš

myš

vol

vôl

pas

pes

kućica za psa

psia búda

vrtno crevo

záhradná hadica

kanta za polivanje

krhla

kosa

kosa

plug

pluh

srp
kosák

motika
motyka

viljuška za đubrivo
vidly na hnoj

sekira
sekera

tačke
fúrik

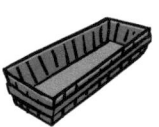

korito
koryto

posuda za mleko
kanva na mlieko

vreća
vrece

ograda
plot

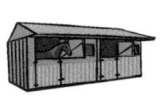

štala
maštaľ

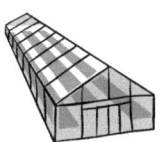

staklenik
skleník

zemlja
pôda

seme
osivo

đubrivo
hnojivo

kombajn
kombajn

žeti
žať

žetva
žatva

jams začin
batát

pšenica
pšenica

soja
sója

krumpir
zemiak

kukuruz
kukurica

uljana repica
repka

voćka
ovocný strom

gomolj manioke
maniok

žitarice
obilie

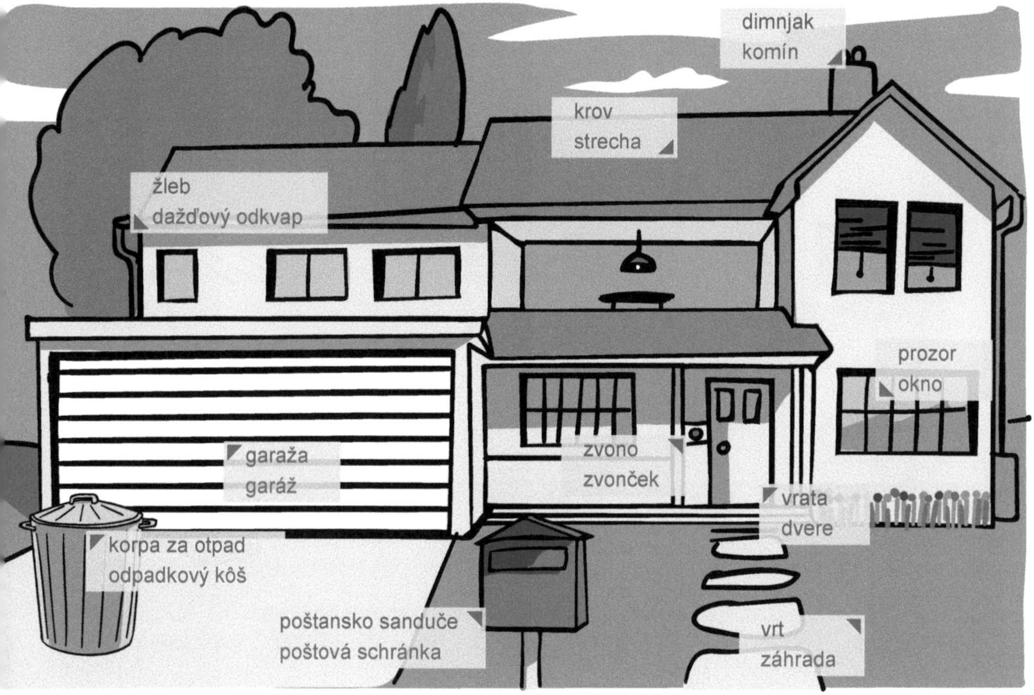

dimnjak
komín

krov
strecha

žleb
dažďový odkvap

prozor
okno

garaža
garáž

zvono
zvonček

vrata
dvere

korpa za otpad
odpadkový kôš

poštansko sanduče
poštová schránka

vrt
záhrada

dnevna soba
obývačka

kupaonica
kúpeľňa

kuhinja
kuchyňa

spavaća soba
spálňa

dečija soba
detská izba

trpezarija
jedáleň

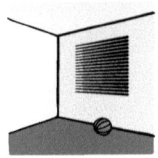

pod
podlaha

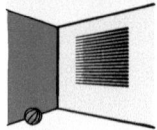

zid
stena

strop
strop

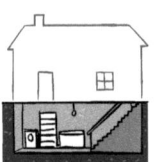

podrum
pivnica

sauna
sauna

balkon
balkón

terasa
terasa

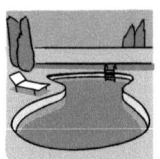

bazen
bazén

kosilica za travu
kosačka

posteljina za krevet
obliečka

deka za krevet
posteľná prikrývka

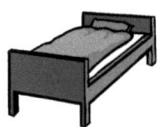

krevet
posteľ

metla
metla

kanta
vedro

prekidač
vypínač

dnevna soba
obývačka

tapeta
tapeta
slika
obraz
svetiljka
lampa
regal
regál
ormar
skriňa
televizija
televízor
kamin
kozub
cvijet
kvet
jastuk
vankúš
kauč
pohovka
vaza
váza
daljinski upravljač
diaľkové ovládanie

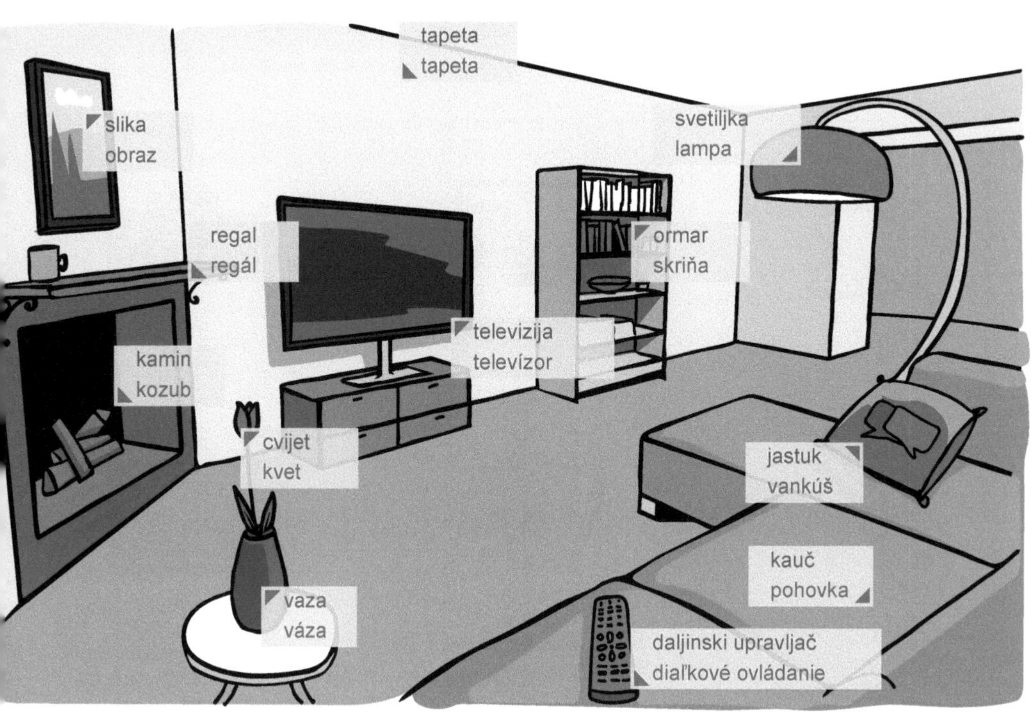

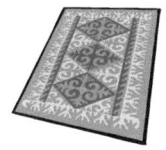

tepih

koberec

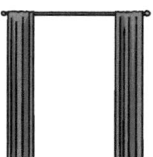

zavesa

záclona

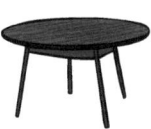

sto

stôl

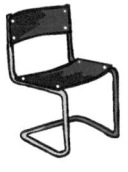

stolica

stolička

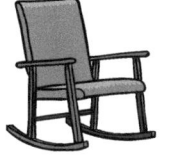

stolica za njihanje

hojdacie kreslo

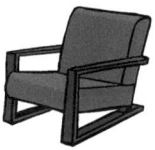

fotelja

kreslo

knjiga

kniha

deka

prikrývka

dekoracija

dekorácia

drvo za ogrev

drevo na kúrenie

film

film

hi-fi uređaj

hi-fi veža

ključ

kľúč

novine

noviny

slika na platnu

maľba

poster

plagát

radio

rádio

blok za pisanje

zápisník

usisivač

vysávač

kaktus

kaktus

sveća

sviečka

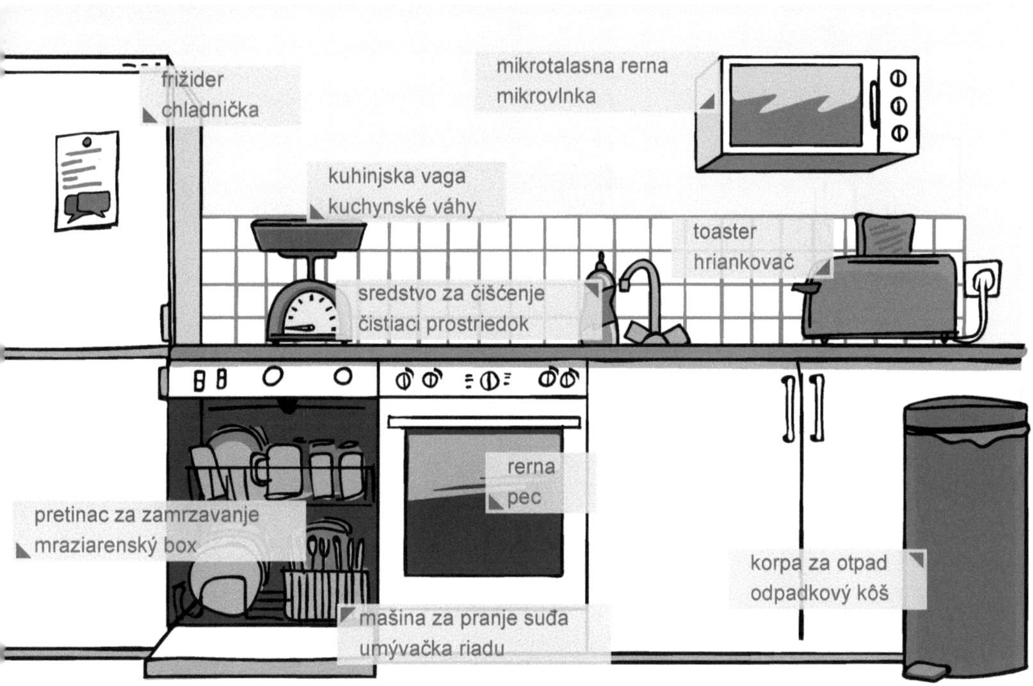

frižider
chladnička

mikrotalasna rerna
mikrovlnka

kuhinjska vaga
kuchynské váhy

toaster
hriankovač

sredstvo za čišćenje
čistiaci prostriedok

rerna
pec

pretinac za zamrzavanje
mraziarenský box

korpa za otpad
odpadkový kôš

mašina za pranje suđa
umývačka riadu

šporet

sporák

lonac

hrniec

gvozdeni lonac

železný hrniec

wok / kadai

wok / kadai

tava

panvica

kuvalo za vodu

rýchlovarná kanvica

kuvalo na paru

parný hrniec

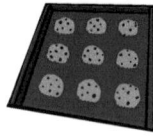

lim za pečenje

plech na pečenie

posuđe

riad

čaša

pohár

posuda

misa

štapići za jelo

paličky

kutlača

naberačka na polievku

lopatica

stierka

penjača

metlička

sito za kuvanje

cedidlo

sito

sitko

ribež

strúhadlo

mužar

mažiar

roštilj

gril

ognjište

ohnisko

daska
doska na krájanie

oklagija
valček na cesto

vadičep
vývrtka

konzerva
konzerva

otvarač konzervi
otvárač na konzervy

krpa za lonac
chňapka

sudoper
výlevka

četka
kefa

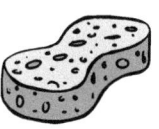

sunđer
hubka

mikser
mixér

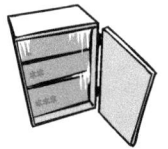

zamrzivač
mraznička

flašica za bebe
kojenecká fľaša

slavina za vodu
vodovodný kohútik

kupaonica

kúpeľňa

grejanje
kúrenie
peškir
uterák
tuš
sprcha
zavesa za tuš
sprchový záves
penušava kupka
pena do kúpeľa
kada
vaňa
čaša
pohár
mašina za pranje veša
práčka
slavina za vodu
vodovodný kohútik
pločice
dlaždice
tuta
nočník
sudoper
výlevka

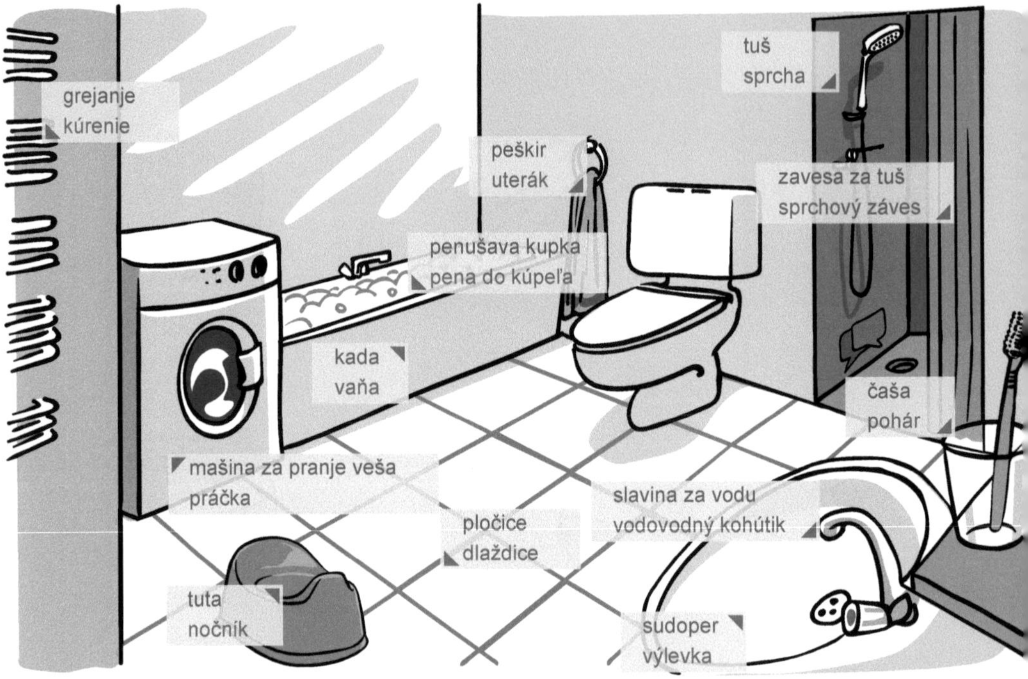

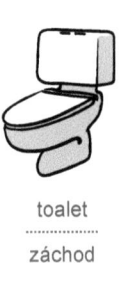

toalet

záchod

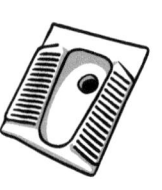

čučavac

suchý záchod

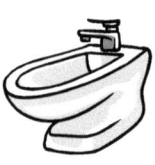

bidet

bidet

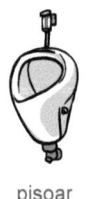

pisoar

pisoár

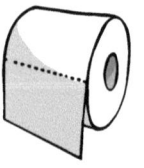

toaletni papir

toaletný papier

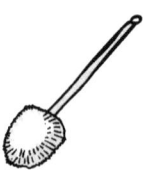

četka za toalet

záchodová kefa

četkica za zube
....
zubná kefka

pasta za zube
....
zubná pasta

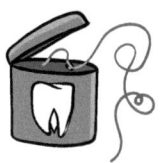

konac za zube
....
dentálna niť

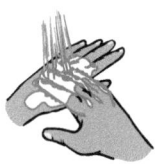

prati
....
umývať

tuš ručica
....
ručná sprcha

tuš za pranje intimnih
detova
sprcha pre intímnu hygienu

lavor
....
umývadlo

četka za pranje leđa
....
kefa na chrbát

sapun
....
mydlo

gel za tuširanje
....
sprchový gél

šampon
....
šampón

krpa za pranje
....
frotírová rukavica

odvod
....
odtok

krema
....
krém

dezodorans
....
dezodorant

ogledalo

zrkadlo

kozmetičko ogledalo

kozmetické zrkadlo

brijač

žiletka

pena za brijanje

pena na holenie

losion za posle brijanja

voda po holení

češalj

hrebeň

četka

kefa

fen za kosu

sušič vlasov

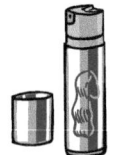

sprej za kosu

sprej na vlasy

makeup

make-up

ruž za usne

rúž

lak za nokte

lak na nechty

vata

vata

makaze za nokte

nožnice na nechty

parfem

parfum

kozmetička torbica

kozmetická taška

stolica

stolček

vaga

váha

ogrtač

kúpací plášť

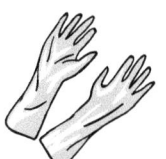

rukavice za čišćenje

gumové rukavice

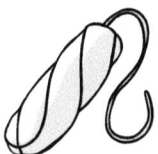

tampon

tampón

uložak

menštruačná vložka

hemijski toalet

chemické WC

dečija soba
detská izba

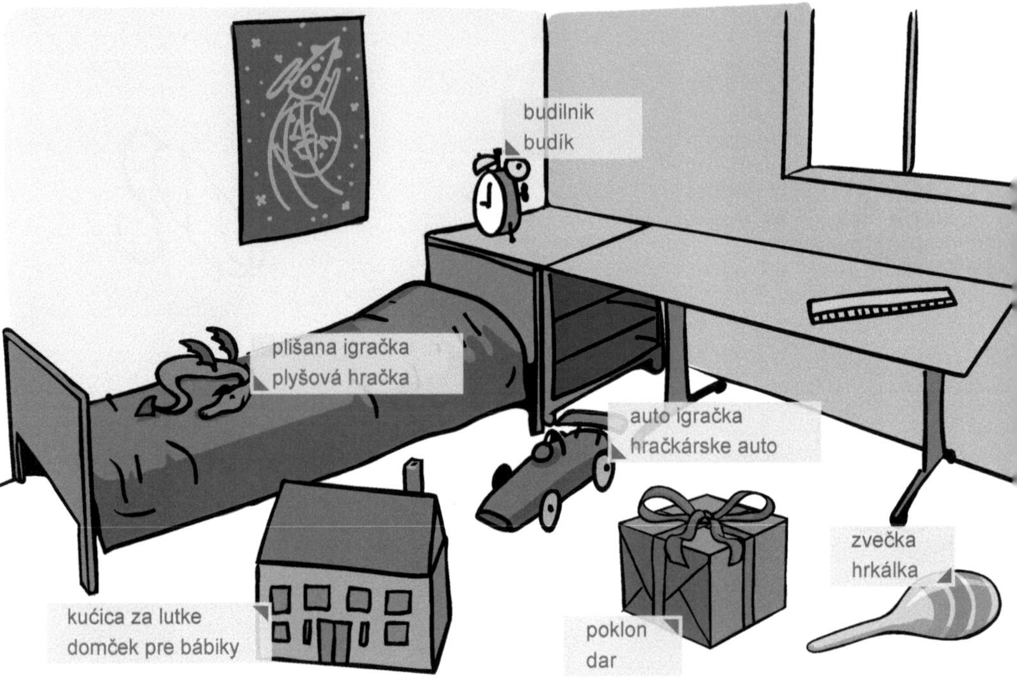

budilnik
budík
plišana igračka
plyšová hračka
auto igračka
hračkárske auto
zvečka
hrkálka
kućica za lutke
domček pre bábiky
poklon
dar

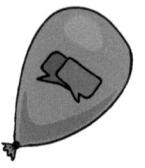

balon
balón

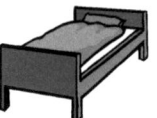

krevet
posteľ

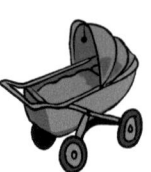

dječija kolica
detský kočík

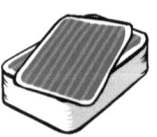

igra s kartama
karty

slagalica
puzzle

SUPER MEGA

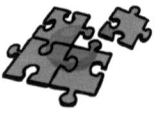

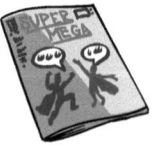

strip
komix

lego kockice

skladačka lego

kockice za slaganje

stavebnica

akcioni junak

akčná postavička

benkica za bebe

dupačky

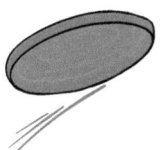

frizbi

lietajúci tanier

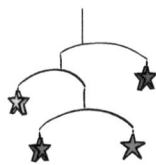

viseće igračke

závesné hračky

društvene igre

stolová hra

kocka

kocka

minijaturna željeznica

modelový vláčik

duda

cumlík

zabava

párty

slikovnica

obrázková kniha

lopta

lopta

lutka

bábika

igrati

hrať sa

pješčanik

pieskovisko

ljuljačka

hojdačka

igračka

hračky

konzola za igre

hracia konzola

tricikl

trojkolka

tedi

medvedík

ormar

šatník

odeća

šatstvo

kratke čarape

ponožky

čarape

pančuchy

hulahopke

pančuchové nohavičky

šal
šál

kaiš
opasok

kišobran
dáždnik

majica
tričko

patike
tenisky

čizme
čižmy

papuče
papuče

sandale
·········
sandále

cipele
·········
topánky

gumene čizme
·········
gumáky

gaćice
·········
spodky

grudnjak
·········
podprsenka

potkošulja
·········
tielko

odeća - šatstvo

45

bodi
body

pantalone
nohavice

farmerke
džínsy

suknja
sukňa

bluza
blúzka

košulja
košeľa

džemper
pulóver

džemper s kapuljačom
sveter

sako
blejzer

jakna
bunda

kaput
kabát

kabanica
pršiplášť

kostim
kostým

haljina
šaty

venčanica
svadobné šaty

odelo

oblek

spavaćica

nočná košeľa

pidžama

pyžamo

sari

sari

marama za glavu

šatka na hlavu

turban

turban

burka

burka

kaftan

kaftan

abaja

abaja

kupaći kostim

dvojdielne plavky

kupaće gaćice

plavky

kratke pantalone

šortky

odeća za trening

tepláková súprava

kecelja

zástera

rukavice

rukavice

dugme	naočare	narukvica
gombík	okuliare	náramok
		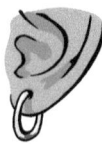
ogrlica	prsten	naušnica
retiazka	prsteň	náušnica

kapa	vešalica	šešir
čiapka	vešiak	klobúk

kravata	patent zatvarač	kaciga
kravata	zips	prilba

naramenice	školska uniforma	uniforma
traky	školská uniforma	uniforma

odeća - šatstvo

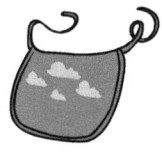

podbradak

podbradník

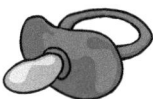

duda

cumlík

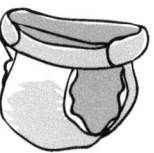

pelena

plienka

kancelarija

kancelária

server
server
ormar za spise
skriňa na spisy
papir
papier
štampač
tlačiareň
monitor
monitor
pisaći stol
písací stôl
miš
myš
mapa
zakladač
tastatura
klávesnica
košara za papir
kôš na papier
kompjuter
počítač
stolica
stolička

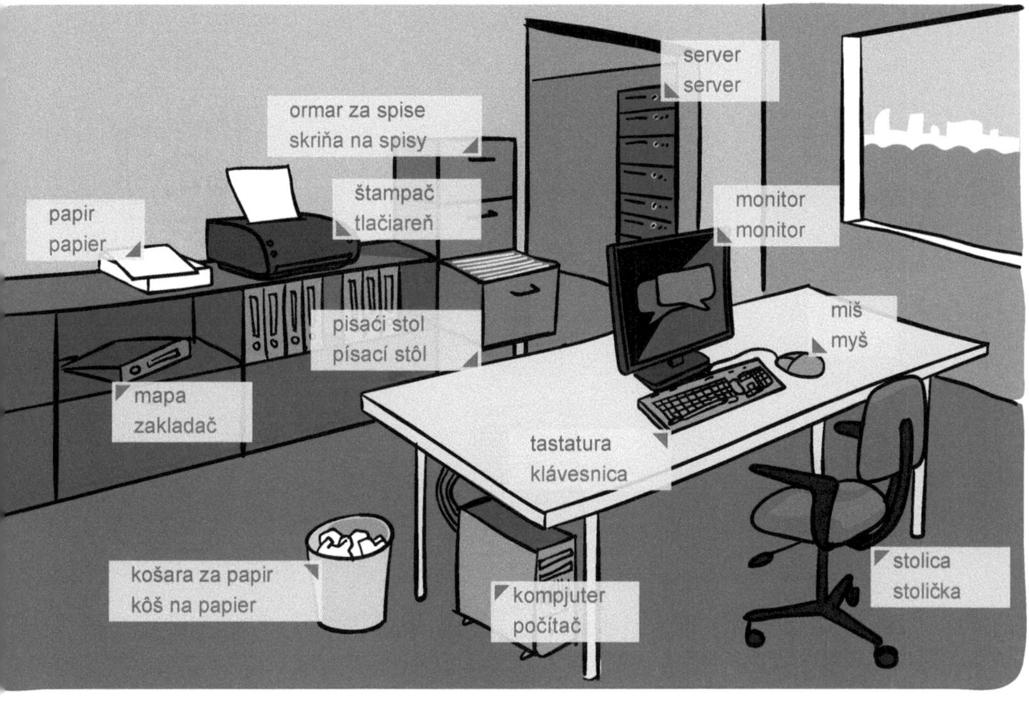

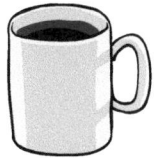

šalica za kavu

hrnček na kávu

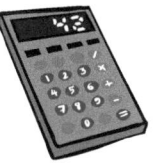

kalkulator

kalkulačka

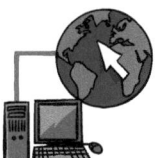

internet

internet

laptop

laptop

pismo

list

poruka

správa

mobilni telefon

mobil

mreža

sieť

uređaj za kopiranje

kopírka

softver

softvér

telefon

telefón

utičnica

elektrická zásuvka

faks

fax

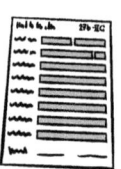

formular

formulár

dokument

doklad

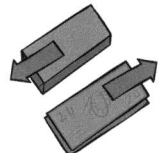

kupovati

kúpiť

platiti

platiť

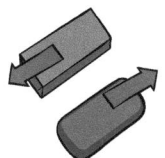

trgovati

obchodovať

novac

peniaze

USD

dolar

dolár

EUR

evro

euro

JPY

jen

jen

RUB

rublja

rubeľ

CHF

švajcarski franak

švajčiarsky frank

CNY

renmindbi juan

čínsky jüan

INR

rupija

rupia

automat za novac

bankomat

menjačnica
zmenáreň

zlato
zlato

srebro
striebro

nafta
ropa

energija
energia

cena
cena

ugovor
zmluva

porez
daň

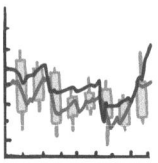

deonica
akcia

raditi
pracovať

službenik
zamestnanec

poslodavac
zamestnávateľ

fabrika
továreň

prodavnica
obchod

zanimanja
povolania

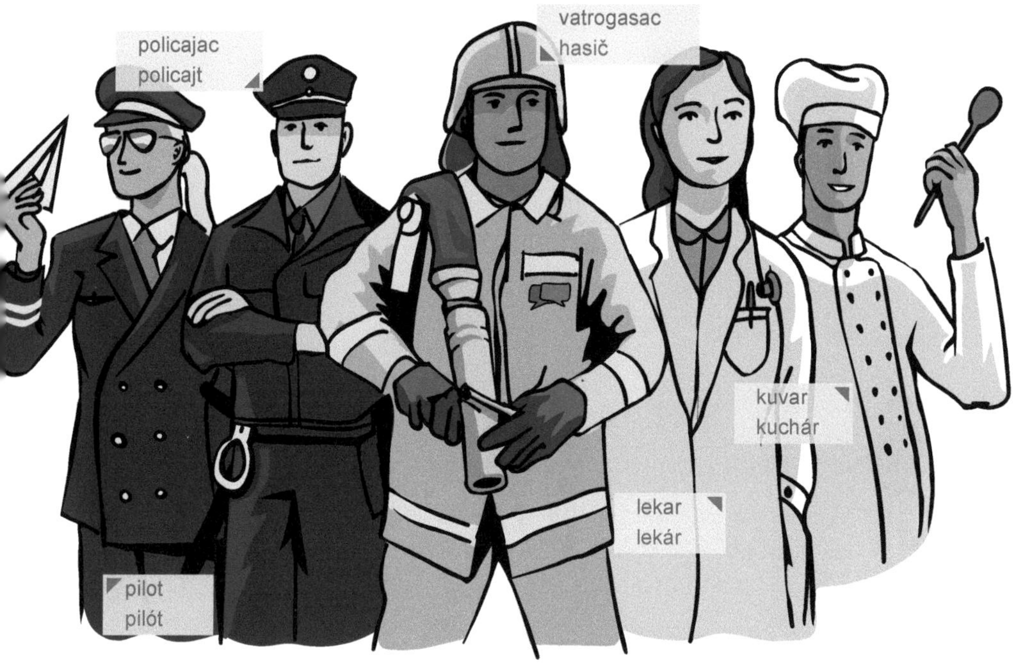
policajac
policajt
vatrogasac
hasič
kuvar
kuchár
lekar
lekár
pilot
pilót

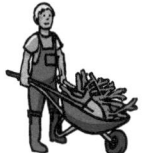

vrtlar

záhradník

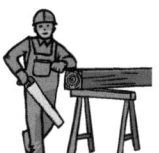

stolar

stolár

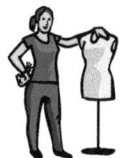

krojačica

krajčírka

sudija

sudca

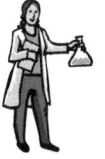

hemičar

chemik

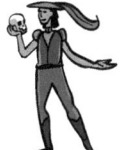

glumac

herec

vozač autobusa

vodič autobusu

vozač taksija

taxikár

ribar

rybár

čistačica

upratovačka

krovopokrivač

pokrývač

konobar

čašník

lovac

poľovník

slikar

maliar

pekar

pekár

električar

elektrikár

građevinski radnik

stavebný robotník

inženjer

inžinier

mesar

mäsiar

limar

klampiar

poštar

poštár

vojnik

vojak

arhitekta

architekt

blagajnik

pokladník

cvećar

kvetinár

frizer

kaderník

kondukter

sprievodca

mehaničar

mechanik

kapetan

kapitán

zubar

zubár

naučnik

vedec

rabi

rabín

imam

imám

monah

mních

svećenik

farár

alati
náradie

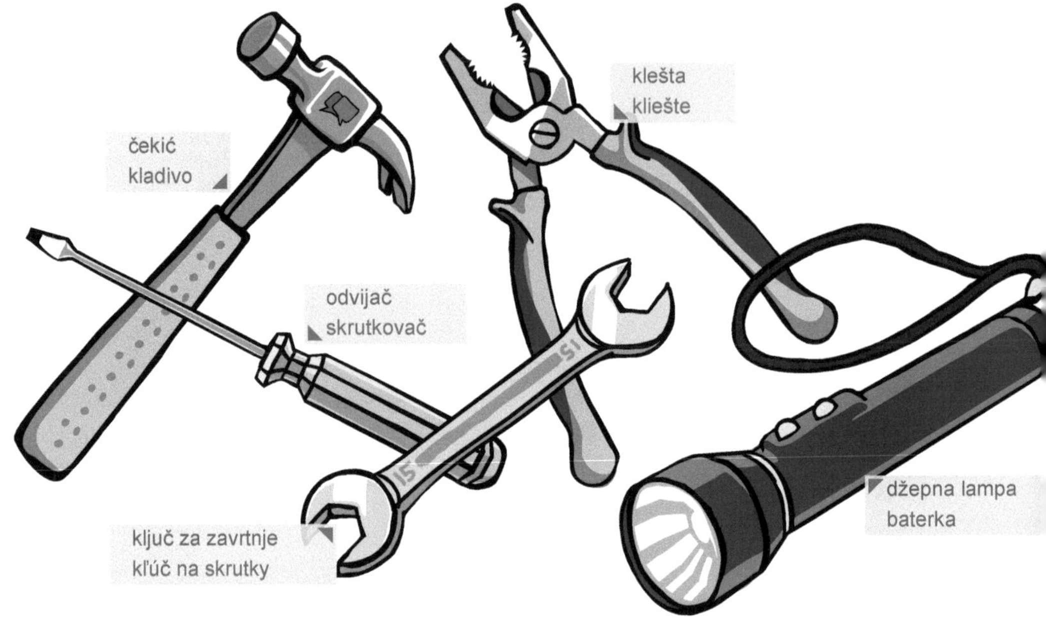

čekić
kladivo
klešta
kliešte
odvijač
skrutkovač
ključ za zavrtnje
kľúč na skrutky
džepna lampa
baterka

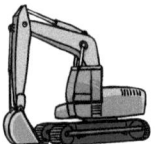

bager

bager

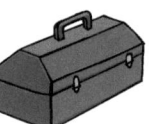

kutija za alat

súprava náradia

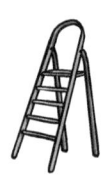

merdevine

rebrík

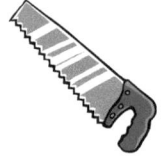

pila

pílka

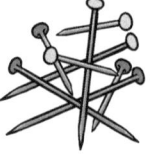

ekser

klince

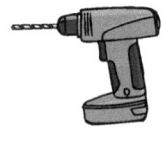

bušilica

vrták

popraviti

opraviť

lopata

lopata

do đavola!

Do čerta!

lopatica

lopatka na smeti

lonac za boju

nádoba s farbou

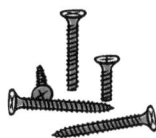

zavrtanji

skrutky

muzički instrument
hudobné nástroje

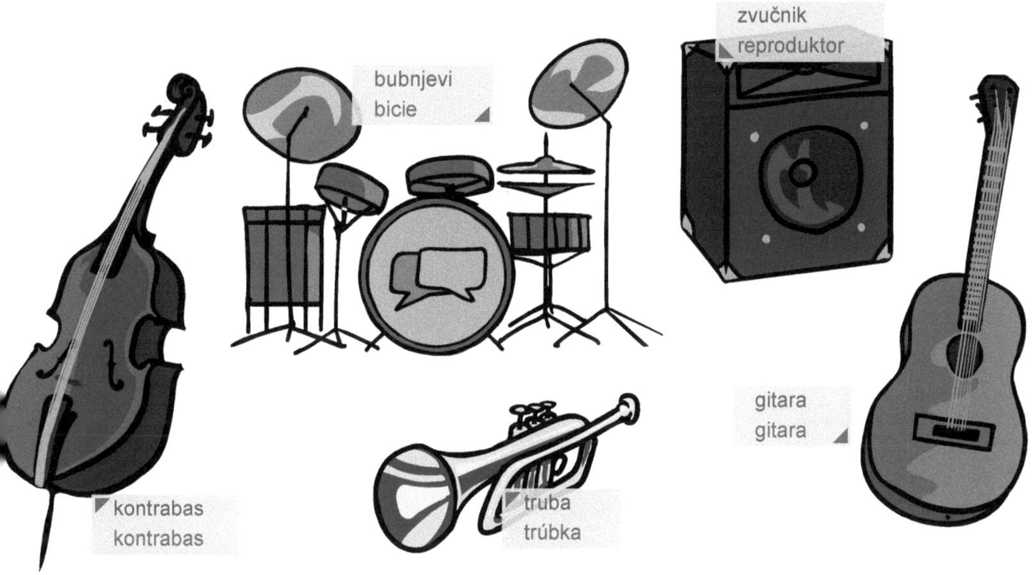

bubnjevi
bicie

zvučnik
reproduktor

gitara
gitara

kontrabas
kontrabas

truba
trúbka

klavir

klavír

violina

husle

bas

basa

timpani

tympany

udaraljke za bubnjeve

bubon

tipke klavira

klávesnica

saksofon

saxofón

flauta

flauta

mikrofon

mikrofón

zoološki vrt
ZOO

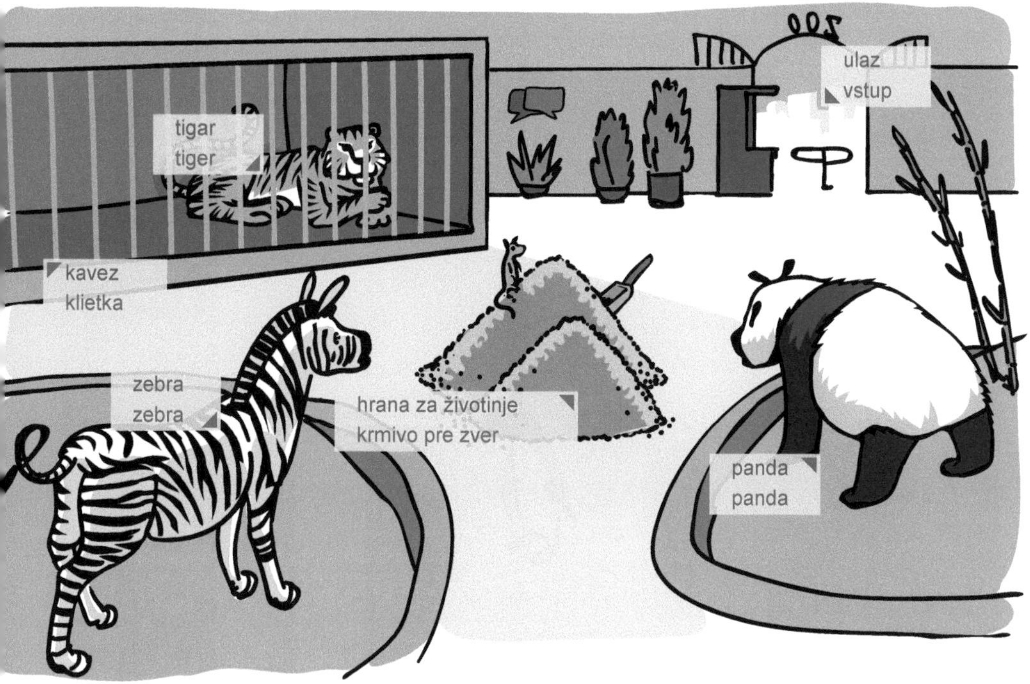

tigar
tiger
ulaz
vstup
kavez
klietka
zebra
zebra
hrana za životinje
krmivo pre zver
panda
panda

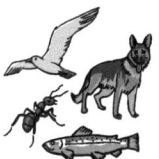

životinje

zvieratá

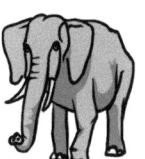

slon

slon

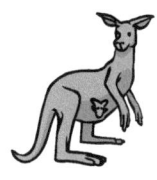

kengur

klokan

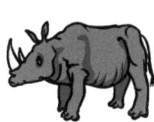

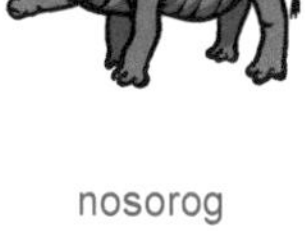

nosorog

nosorožec

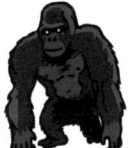

gorila

gorila

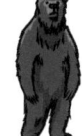

medved

medveď

kamila

ťava

noj

pštros

lav

lev

majmun

opica

flamingo

plameniak

papagaj

papagáj

polarni medved

ľadový medveď

pingvin

tučniak

ajkula

žralok

paun

páv

zmija

had

krokodil

krokodíl

čuvar u zoološkom vrtu

ošetrovateľ v ZOO

tuljan

tuleň

jaguar

jaguár

poni

poník

leopard

leopard

nilski konj

hroch

žirafa

žirafa

orao

orol

divlja svinja

diviak

riba

ryba

kornjača

korytnačka

morž

mrož

lisica

líška

gazela

gazela

americki nogomet
americký futbal

biciklizam
cyklistika

tenis
tenis

košarka
basketbal

plivanje
plávanie

boks
box

hokej na ledu
hokej

fudbal
futbal

badminton
bedminton

atletika
ľahká atletika

rukomet
hádzaná

skijanje
lyžovanie

polo
pólo

aktivnosti
aktivity

skočiti
skočiť
zagrliti
objať
smejati se
smiať sa
ići
chodiť
pevati
spievať
sanjati
snívať
moliti se
modliť sa
poljubiti
pobozkať

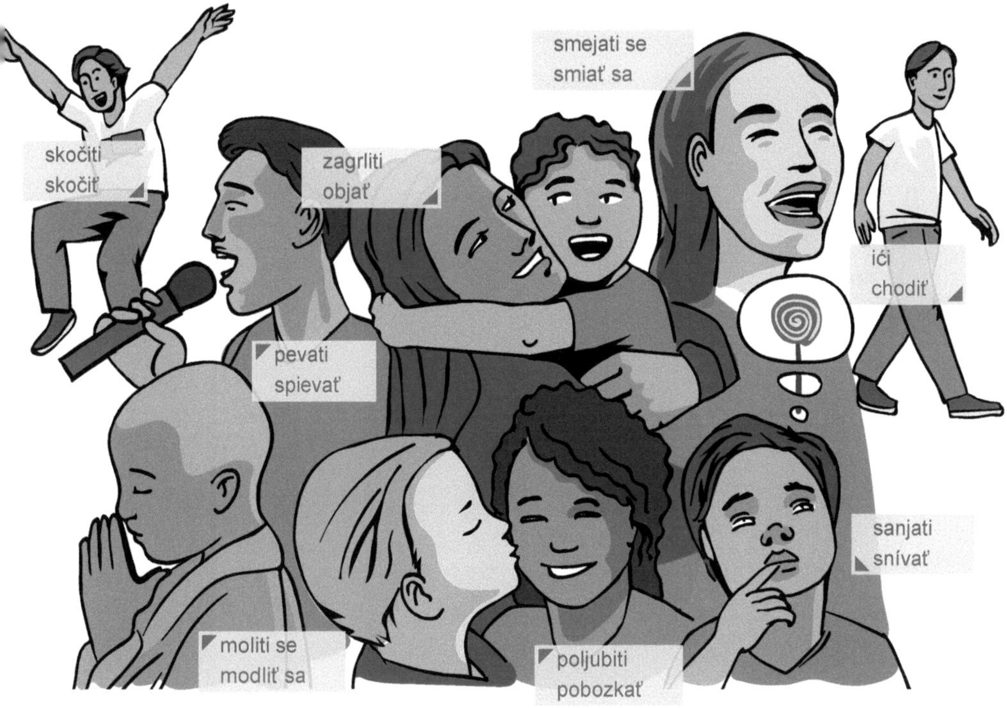

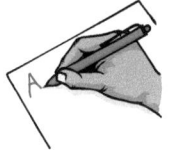

pisati
písať

crtati
kresliť

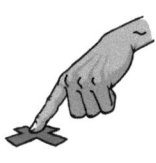

pokazati
ukázať

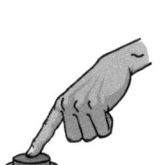

gurati
tlačiť

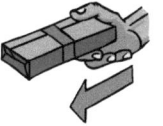

dati
dať

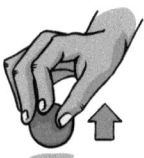

uzeti
brať

imati
mať

činiti
robiť

biti
byť

stojati
stáť

trčati
bežať

povlačiti
ťahať

baciti
hádzať

padati
padnúť

ležati
ležať

čekati
čakať

nositi
nosiť

sediti
sedieť

oblačiti
obliecť sa

spavati
spať

probuditi se
zobudiť sa

aktivnosti - aktivity

gledati

pozerať

plakati

plakať

milovati

hladkať

češljati

česať

govoriti

hovoriť

razumeti

rozumieť

pitati

pýtať sa

slušati

počuť

piti

piť

jesti

jesť

pospremiti

upratať

voleti

milovať

kuhati

variť

voziti

jazdiť

leteti

letieť

ploviti

plachtiť

računati

počítať

čitati

čítať

učiti

učiť sa

raditi

pracovať

venčati se

oženiť

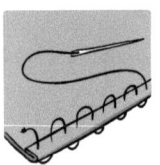

šiti

šiť

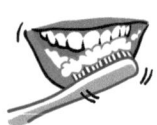

prati zube

čistiť zuby

ubiti

zabiť

pušiti

fajčiť

poslati

poslať

porodica
rodina

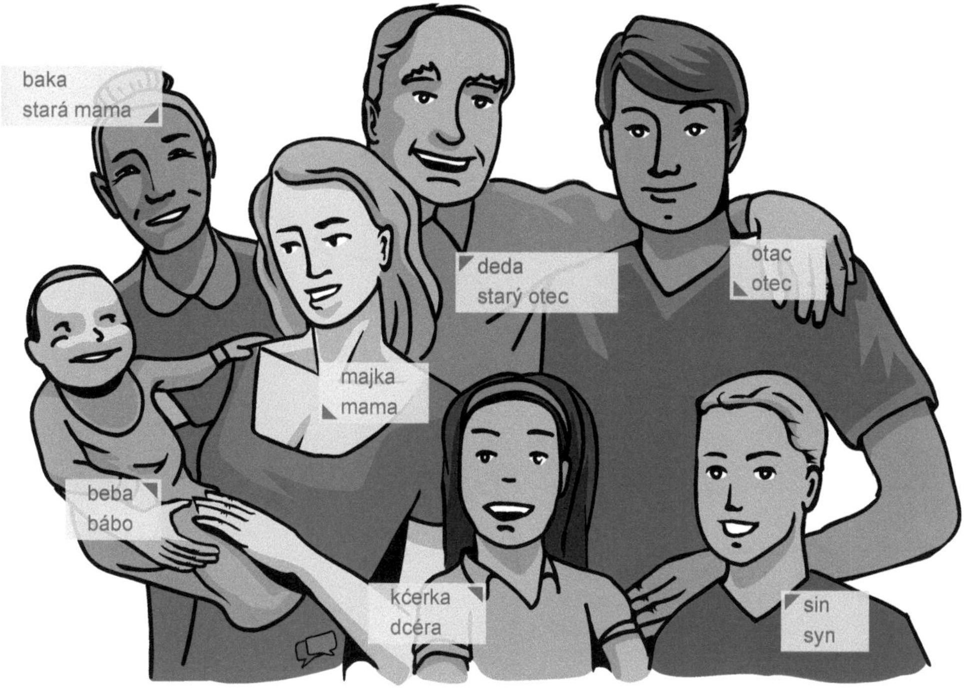
baka
stará mama
deda
starý otec
otac
otec
majka
mama
beba
bábo
kćerka
dcéra
sin
syn

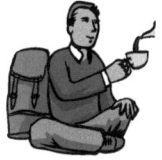

gost
hosť

tetka
teta

ujak, stric
strýko

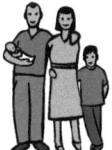

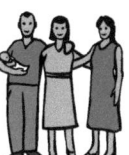

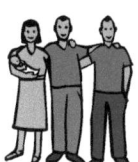

brat
brat

sestra
sestra

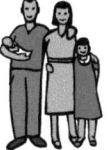

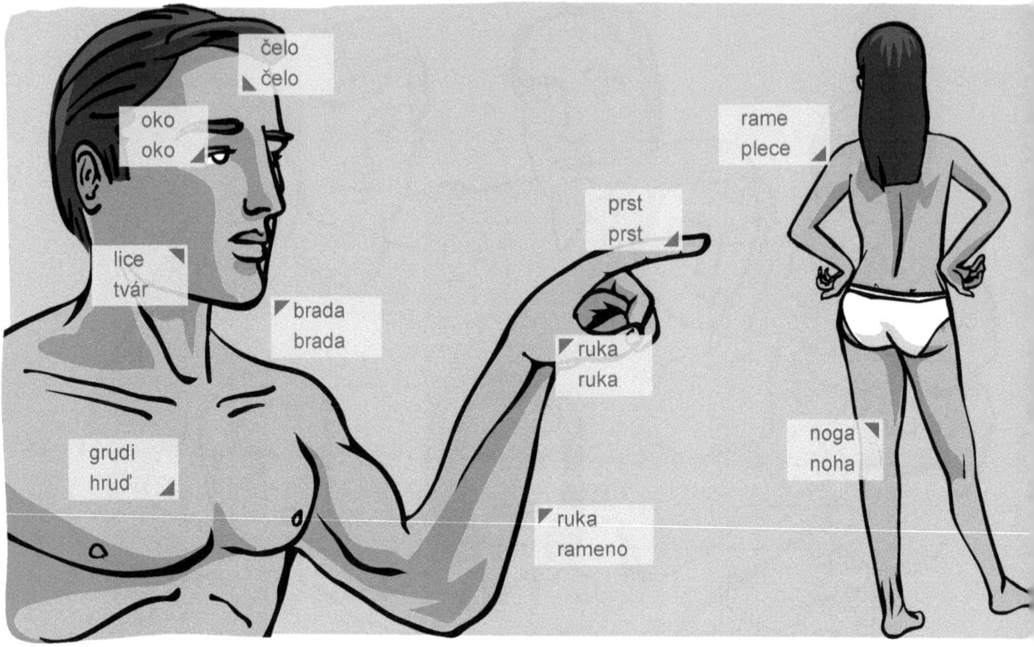

čelo
čelo

oko
oko

rame
plece

prst
prst

lice
tvár

brada
brada

ruka
ruka

grudi
hruď

noga
noha

ruka
rameno

	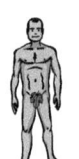	
beba	muškarac	žena
bábo	muž	žena

devojčica	dečak	glava
dievča	chlapec	hlava

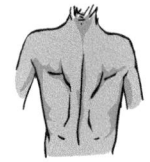

leđa
....
chrbát

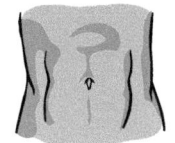

stomak
....
brucho

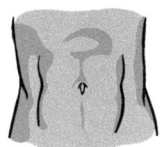

pupak
....
pupok

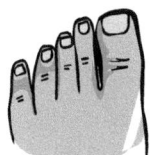

nožni prst
....
prst na nohe

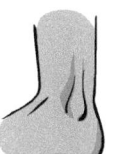

peta
....
päta

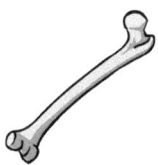

kost
....
kosť

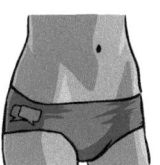

kukovi
....
bok

koleno
....
koleno

lakat
....
lakeť

nos
....
nos

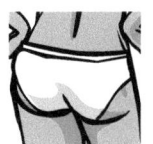

zadnjica
....
zadok

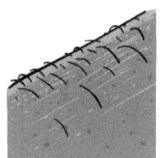

koža
....
koža

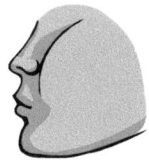

obraz
....
líce

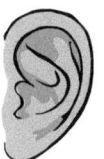

uvo
....
ucho

usna
....
pery

usta

ústa

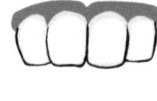

zub

zub

jezik

jazyk

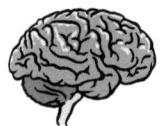

mozak

mozog

srce

srdce

mišić

svaly

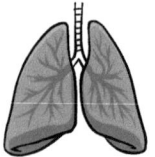

pluća

pľúca

jetra

pečeň

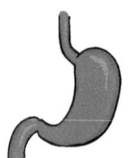

želudac

žalúdok

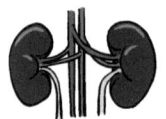

bubrezi

obličky

polni odnos

pohlavný styk

kondom

kondóm

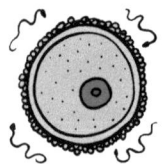

jajna ćelija

vaječná bunka

sperma

semeno

trudnoća

tehotenstvo

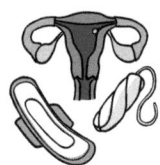

menstruacija
menštruácia

vagina
vagína

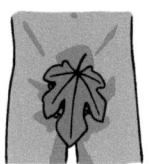

penis
penis

obrva
obočie

kosa
vlasy

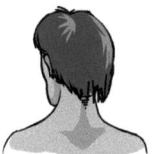

vrat
krk

bolnica
nemocnica

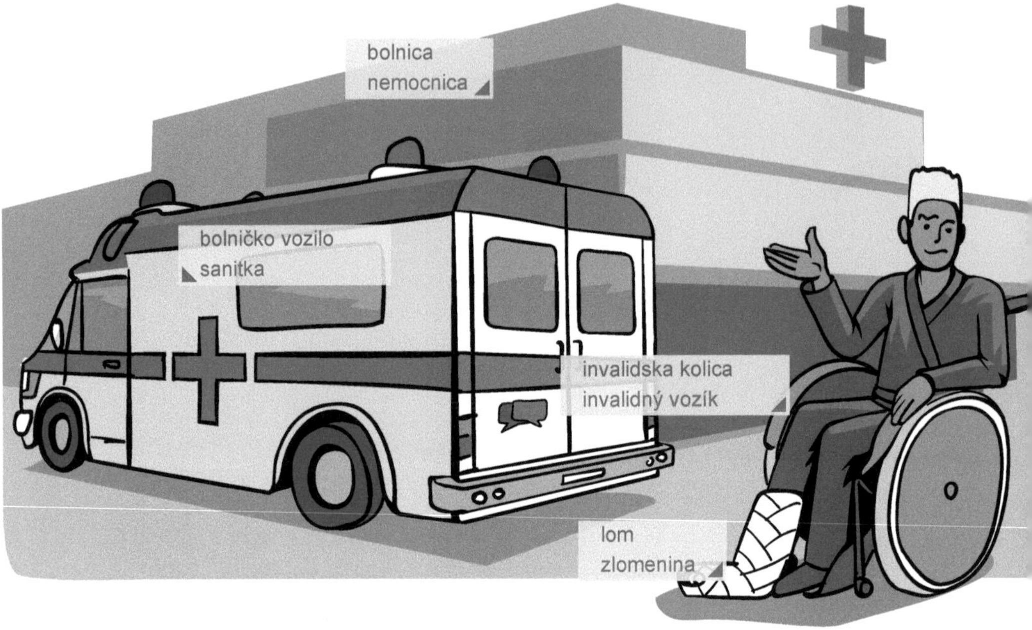

bolnica
nemocnica
bolničko vozilo
sanitka
invalidska kolica
invalidný vozík
lom
zlomenina

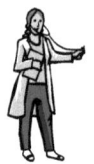

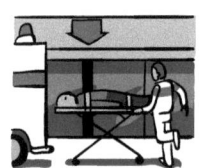

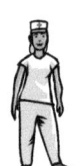

lekar

lekár

hitna medicinska služba

urgentný príjem

medicinska sestra

sestrička

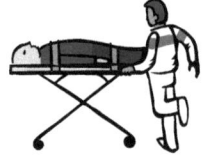

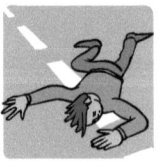

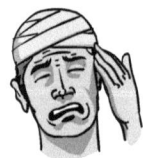

hitni slučaj

urgentný prípad

nesvest

v bezvedomí

bol

bolesť

povreda

zranenie

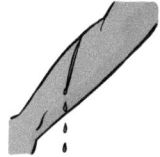

krvarenje

krvácanie

srčani udar

srdcový infarkt

udar

mozgová porážka

alergija

alergia

kašalj

kašeľ

groznica

teplota

gripa

chrípka

proliv

hnačka

glavobolja

bolesť hlavy

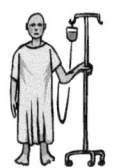

rak

rakovina

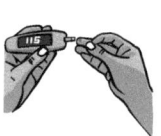

dijabetes

cukrovka

hirurg

chirurg

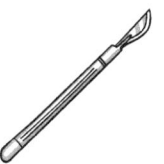

skalpel

skalpel

operacija

operácia

ct
....
CT

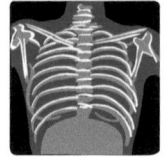

rentgen
....
RTG

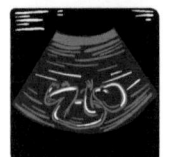

ultrazvuk
....
ultrazvuk

maska
....
maska

bolest
....
choroba

čekaona
....
čakáreň

štaka
....
barla

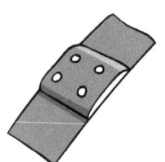

flaster
....
náplasť

zavoj
....
obväz

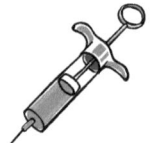

injekcija
....
injekcia

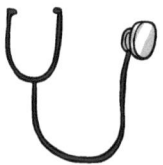

stetoskop
....
fonendoskop

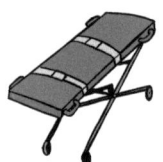

nosila
....
nosidlá

termometar
....
teplomer

rođenje
....
pôrod

prekomerna težina
....
nadváha

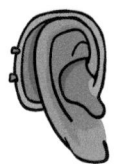

slušni aparat

audiofón

sredstvo za dezinfekciju

dezinfekčný prostriedok

infekcija

infekcia

virus

vírus

HIV / AIDS

HIV / AIDS

medicina

medicína

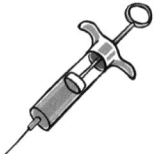

vakcinacija

očkovanie

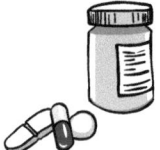

tablete

tabletky

pilula

antikoncepčná pilulka

hitni poziv

tiesňové volanie

uređaj za merenje pritiska

tlakomer

bolesno / zdravo

chorý / zdravý

pomoć!

Pomoc!

alarm

alarm

nasrtaj

prepad

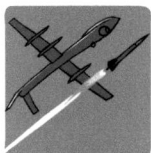

napad

útok

opasnost

nebezpečenstvo

izlaz u slučaju nužde

núdzový východ

požar!

Horí!

protivpožarni aparat

hasičský prístroj

nezgoda

nehoda

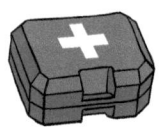

kutija prve pomoći

kufrík prvej pomoci

sos

SOS

policija

polícia

Evropa

Európa

Severna Amerika

Severná Amerika

Južna Amerika

Južná Amerika

Afrika

Afrika

Azija

Ázia

Australija

Austrália

Atlantik

Atlantický oceán

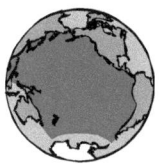

Pacifik

Tichý oceán

Indijski okean

Indický oceán

Antarktički okean

Južný oceán

Arktički ocean

Severný ľadový oceán

Severni pol

Severný pól

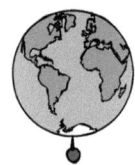

Južni pol

Južný pól

Antarktik

Antarktída

zemlja

Zem

zemlja

krajina

more

more

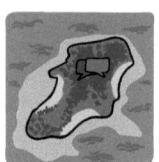

otok

ostrov

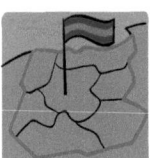

nacija

národ

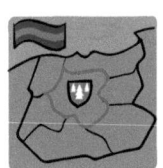

država

štát

zemlja - Zem

brojčanik sata

ciferník

satna kazaljka

hodinová ručička

minutna kazaljka

minútová ručička

sekundna kazaljka

sekundová ručička

Koliko je sati?

Koľko je hodín?

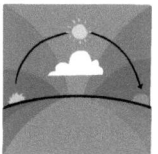

dan

deň

vreme

čas

sada

teraz

digitalni sat

digitálne hodiny

minuta

minúta

čas

hodina

sedmica

týždeň

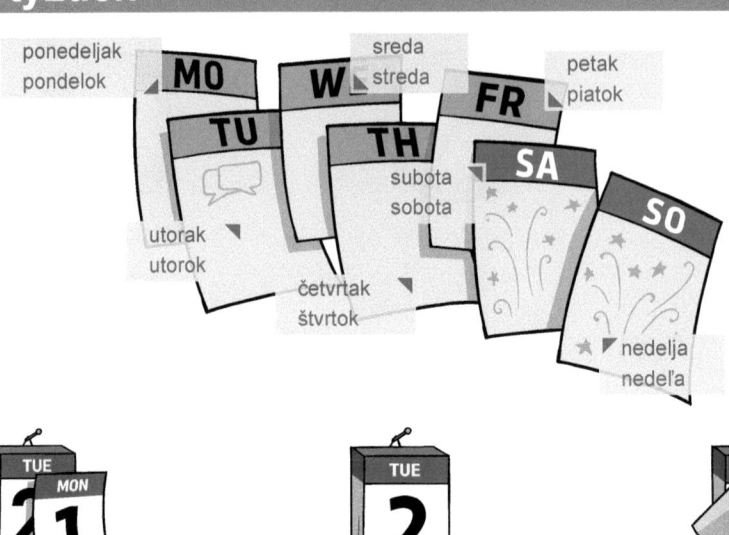

ponedeljak
pondelok

MO

TU

W

sreda
streda

TH

FR

petak
piatok

SA

SO

utorak
utorok

četvrtak
štvrtok

subota
sobota

nedelja
nedeľa

juče
······
včera

danas
······
dnes

sutra
······
zajtra

jutro
······
ráno

podne
······
poludnie

veče
······
večer

MO	TU	WE	TH	FR	SA	SU
1	2	3	4	5	6	7
8	9	10	11	12	13	14
15	16	17	18	19	20	21
22	23	24	25	26	27	28
29	30	31	1	2	3	4

radni dani
······
pracovné dni

MO	TU	WE	TH	FR	SA	SU
1	2	3	4	5	6	7
8	9	10	11	12	13	14
15	16	17	18	19	20	21
22	23	24	25	26	27	28
29	30	31	1	2	3	4

vikend
······
víkend

godina
rok

kiša
dážď
duga
dúha
vetar
vietor
sneg
sneh
proleće
jar
jesen
jeseň
leto
leto
zima
zima

4.APRIL 11°
5.APRIL 4°
6.APRIL 13°
7.APRIL 8°
8.APRIL 10°

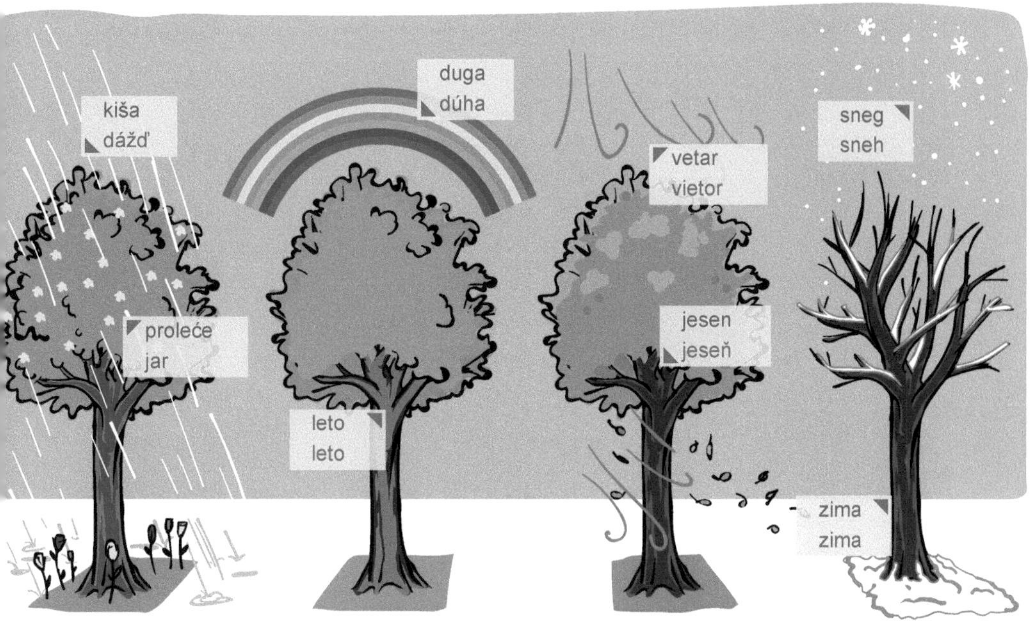

meteorološka prognoza

predpoveď počasia

F
C
120
90
60
30
0
-30
40
30
20
10
0
-10
-20

termometar

teplomer

sunčana svetlost

slnečný svit

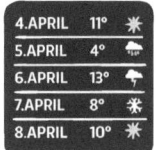

oblak

oblak

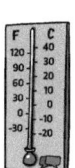

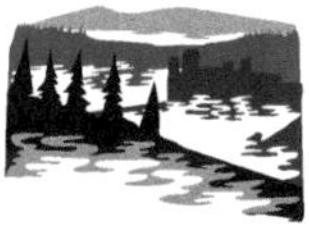

magla

hmla

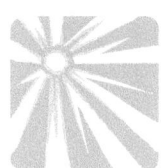

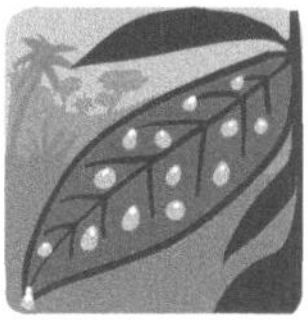

vlažnost vazduha

vlhkosť vzduchu

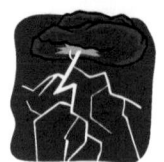

munja
blesk

grmljavina
hrom

oluja
búrka

tuča
krúpy

monsun
monzún

poplava
záplava

led
ľad

januar
január

februar
február

mart
marec

april
apríl

maj
máj

juni
jún

juli
júl

avgust
august

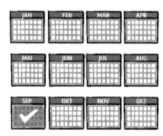

septembar
september

oktobar
október

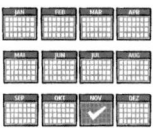

novembar
november

decembar
december

oblici
tvary

krug
kruh

kvadrat
štvorec

pravougao
obdĺžnik

trougao
trojuholník

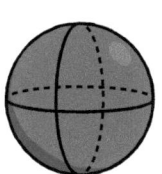

kugla
guľa

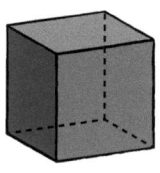

kocka
kocka

bela
....
biela

žuta
....
žltá

narandžasta
....
oranžová

ružičasta
....
ružová

crvena
....
červená

ljubičasta
....
fialová

plava
....
modrá

zelena
....
zelená

smeđa
....
hnedá

siva
....
šedá

crna
....
čierna

mnogo / malo

veľa / málo

ljutito / mirno

zúrivý / pokojný

lepo / ružno

pekný / škaredý

početak / kraj

začiatok / koniec

veliko / maleno

veľký / malý

svetlo / tamno

svetlý / tmavý

brat / sestra

brat / sestra

čisto / prljavo

čistý / špinavý

potpuno / nepotpuno

úplný / neúplný

dan / noć

deň / noc

mrtvo / živo

mŕtvy / živý

široko / usko

široký / úzky

jestivo / nejestivo

chutný / nechutný

zlo / dobro

zlostný / láskavý

uzbuđeno / dosadno

vzrušený / unudený

debelo / mršavo

tlstý / chudý

na početku / na kraju

prvý / posledný

prijatelj / neprijatelj

priateľ / nepriateľ

puno / prazno

plný / prázdny

tvrdo / mekano

tvrdý / mäkký

teško / lagano

ťažký / ľahký

glad / žeđ

hlad / smäd

bolesno / zdravo

chorý / zdravý

ilegalno / legalno

nelegálny / legálny

pametno / glupo

inteligentný / hlúpy

levo / desno

vľavo / vpravo

blizu / daleko

blízko / ďaleko

novo / polovno

nový / použitý

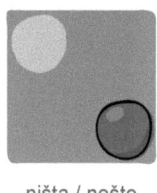

ništa / nešto

nič / niečo

staro / mlado

starý / mladý

uključeno / isključeno

zapnuté / vypnuté

otvoreno / zatvoreno

otvorené / zatvorené

tiho / glasno

tichý / hlasný

bogato / siromašno

bohatý / chudobný

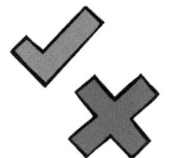

tačno / pogrešno

správne / nesprávne

hrapavo / glatko

drsný / hladký

tužno / sretno

smutný / šťastný

kratko / dugo

krátky / dlhý

polako / brzo

pomaly / rýchlo

mokro / suho

mokrý / suchý

toplo / hladno

teplý / studený

rat / mir

vojna / mier

0

nula

nula

1

jedan

jeden

2

dva

dva

3

tri

tri

4

četiri

štyri

5

pet

päť

6

šest

šesť

7

sedam

sedem

8

osam

osem

9

devet

deväť

10

deset

desať

11

jedanaest

jedenásť

12

dvanaest

dvanásť

13

trinaest

trinásť

14

četrnaest

štrnásť

15

petnaest

pätnásť

16

šestnaest

šestnásť

17

sedamnaest

sedemnásť

18

osamnaest

osemnásť

19

devetnaest

devätnásť

20

dvadeset

dvadsať

100

stotinu

sto

1.000

hiljadu

tisíc

1.000.000

milion

milión

engleski

angličtina

američki engleski

americká angličtina

mandarinski kineski

mandarínska čínština

hindski

hindčina

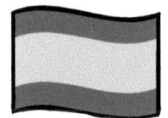

španski

španielčina

francuski

francúzština

arapski

arabčina

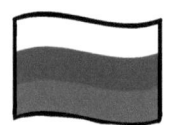

ruski

ruština

portugalski

portugalčina

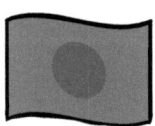

bengalski

bengálčina

nemački

nemčina

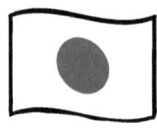

japanski

japončina

ja
ja

ti
ty

on / ona / ono
on/ona/ono

mi
my

vi
vy

oni
oni

Ko?
kto?

Šta?
čo?

Kako?
ako?

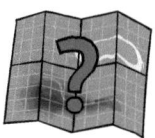

Gde?
kde?

Kada?
kedy?

ime
meno

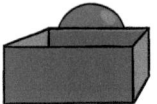

iza
....
za

u
....
v

ispred
....
pred

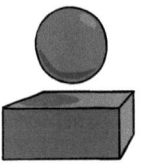

preko
....
nad

na
....
na

ispod
....
pod

pored
....
vedľa

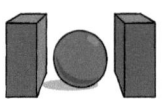

između
....
medzi

mesto
....
miesto